AF313254

Ye

2952

CHANTS D'ALLEGRESSE DE LA VILLE DE REIMS,

SVR L'ENTREE ET CORON-
NEMENT DE

LOYS XIII. Tres-Chrestien Roy de France & de Nauarre.

Par CLAVDE GILLAT *Champenois Docteur Medecin.*

A REIMS,

Chez Simon de Foigny Imprimeur de tres-Illustre Prince
Loys de Lorraine Archeuesque Duc de Reims,
à l'enseigne du Lion.

1610.

AV LECTEVR.

Qvelqu'vn peut bien chanter d'vn plus mignard
    langage,
Ce bon heur des François, mais du surplus, ie gage,
Qu'il n'a pas plus que moy de bonne intention:
I'ayme les vers bien faicts, chacun n'en peut pas faire,
Les miés sont lourds de fait: mais ie n'ay sçeu me taire,
Car i'auois dans le cœur par trop d'affection.

CHANTS
D'ALLEGRESSE DE
LA VILLE DE REIMS,

SVR L'ENTREE ET CORON-
nement de Lovs XIII. Tres-Chrestien
Roy de France & de Nauarre.

STANCES.

'EST aſſé ſouſpiré (Muſe) c'eſt trop ſe plaindre,
Nous en auions ſubiect, mais il nous fault còn-
   traindre
   En quittant noſtre dueil changer d'accouſtremẽt,
Sus faiſons par noʒ chants qu'apres tant de vacarmes,
La France auecque nous vienne eſſuyer ſes larmes
Au leuer du Soleil de ſon contentement.

Le foudre menaçant & frappant tout enſemble,
Fut pouſſé d'vn demon ſi maudit, qu'il nous ſemble
Songer quant nous oyons l'eſclat tant ſeulement:
Mais les frimats paſſez, nous voyons que la France
Raſſerene ſon front, reprent ſon aſſeurance,
Voyant reuiure encor ſon Prince heureuſement.

A ij

Nas ne pleurons donc plus, essuyons nos paupieres,
Dieu a sauué le Roy des embusches meurtrieres,
Son nom est immortel en ses perfections,
Dieu l'a remis au point de sa verte ieunesse,
Pour mener les desseins de sa sage vieillesse
Iusqu'au but desiré de ses pretensions.

Grand Roy le plus puissant qui fut iamais au monde
Qui reuis auiourd'huy dessouz la tresse blonde,
De LOYS nostre Roy nostre plus cher soucy.
Nous te seruons en luy, c'est vn autre toy mesme:
Et le pouuoir qui brille en ton sainct Diadesme
Pour changer de subiect, n'en est point racourcy.

On dict que le Phenix estant lassé de viure
Se faict (cas merueilleux) à luy-mesme suruiure,
Sans changer de subiect, mais de traictz seulement:
Et le Phenix François eternisant son aage,
Change bien de subiect, de chef & de visage,
Mais il retient les traicts de l'ame entierement.

Ne pense pas pourtant qu'en ce que ie propose
Ie vueille soustenir vne metempsicose,
Deux corps ne peuuent pas d'vne ame estre animés:
On a veu & le Pere & le Fils toute ensemble,
Mais ie dis puis qu'en traicts l'vn à l'autre resemble,
Ce sont deux Roys qui sont de mesme traicts formés.

Outre plus si l'amour peut changer ce qu'on aime,
Le Fils aimé n'est qu'vn auec le Pere mesme:
Mais quoy ceste vnité, n'est que d'affection,
Et qu'en voulons nous plus, puis que la mesme enuie
De supporter les siens nous reste encor en vie:
Dieu la vueille conduire à sa perfection.

Et quoy perfection, l'ame est indiuisible,
Elle est sans plus ny moins, est-il donc bien possible
Que ce qui est parfaict le puisse estre encor plus?
Non non, mais comparant nostre recente perte
Auec le bien present, la chose est bien apperte
Sans offenser le Fils, qu'il y a du surplus.

Or ce qui nous console en ce point dauantage,
C'est que nous esperons que le progrés de l'aage,
Paruiendra quelque iour à vne egalité:
Car Dieu qui sur tous Roys a bien aymé le Pere,
Aymera bien le Fils, & puis apres la Mere
Luy fera sauourer le laict de sa bonté.

Tout beau (Muse) tout beau, reprenons nostre course,
Ne noyons noz plaisirs presents, dedans la source
Des desastres passés, allons d'vn cœur ioyeux
Au deuant du grand Roy LOYS, qui ja s'aduance,
Pour venir dedans Reims prendre la iouissance
Du Sceptre que luy ont delaissé ses Ayeux.

A iij

Vous venez donc grand Roy, sus qu'à voſtre venuë
On face retentir, & le Ciel & la nuë
De hauts VIVE LE ROY & d'applaudiſſement:
O iour trois fois heureux, & trois fois d'auantage,
Iour qui ſe graue au Ciel, voire au plus haut eſtage,
Pour eſtre de tous biens l'heureux commencement.

Reims ouure ja ſes bras tout ainſi que les roſes,
Au leuer du Soleil ont leurs fueilles deſcloſes,
Pour eſſuyer l'humeur d'vne trop freſche nuict:
Ainſi grand Roy, les yeux encor tous pleins de larmes,
Elle vous vient chercher ſouz les airs de ces carmes,
Pour s'eſſuyer aux rays que voſtre bel œil luict.

Quoy, ne voyez vous pas les eſtats file à file
Selon leur dignité qui ſortent de la ville,
Pour vous venir baiſer humblement les genoux?
Entendez les Ios que le vulgaire entonne,
Dieu conſerue le Roy, ſon Sceptre & ſa Couronne
Que Dieu ſoit auec luy puis qu'il vient auec nous.

Voyez les eſcadrons de ſa braue ieuneſſe
Qui vous vient ſaluer d'vne gueriere addreſſe,
Figurant par contours des ronds ſi gentiment:
C'eſt pour vous proteſter que toute leur enuie,
Tant qu'ilz iront tournant le cercle de leur vie,
N'eſt que pour vous ſeruir perpetuellement.

Que d'applaudiſſements, que de cris d'allegreſſe,
Plus vous allez auant, plus vous trouuez de preſſe,
Chacun deſirant voir les doux rays de voz yeux:
Et comme le Soleil qui de ſon front efface,
Le ſombre air de la nuict, vous tournez voſtre face
Pour eſclairer ça bas comme luy faict aux Cieux.

Beau Soleil de noz iours, l'eſperance aſſeuree,
Que nous verrons encor ceſte ſaiſon doree,
Qu'on craignoit s'enroüiller au dernier occident,
Mais dés le lendemain Thetis nous feit paroiſtre
Ce Soleil tout nouueau, dont l'orient feit croiſtre
L'eſpoir que l'on auoit d'vn Iour ſi eſclattant.

Thetis l'heureux ſouſtien du Sceptre de la France,
Qui quittas volontiers les plages de Florance,
Pour rafraichir l'ardeur du Titan des François!
Que ne doſ tu point France à ceſte grand' Deeſſe,
Qui apres tant de nuictz te remet à l'addreſſe
Du beau Soleil leuant qu'auiourd'huy tu reçois?

C'eſt donc, Sire, à bon droit que voz villes Françoiſes,
Apres auoir receu de Dieu, de vous, tant d'ayſes,
Font retentir le Ciel de benedictions,
Qui pourroit à ces biens demeurer inſenſible?
En iouyr ſans parler, cela n'eſt pas poſſible,
Le cœur ne peut celer ſi viues paſſions.

8

Mais oyez de quel bruit, tous ces gros Canons tonnen
L'air est tant agité que les Cieux en resonnent,
Tout en tremble d'effroy:c'est pour vous faire voir,
Sire, que soit en l'air, soit plus haut, soit en terre
Iamais on ne verra leur belliqueux tonnerre
Par malice ou par pœur faillir à leur deuoir.

Ces Arcades, ces Tours, ces Corniches taillees,
Ces Chapiteaux dorez, ces voutes esmaillees,
Et ces Arcs triomphaux, ces termes releuez,
Ces Tableaux enrichis de diuerses peintures,
Ces Emblesmes monstrant voz victoires futures,
Sire, seront ils pas de vos yeux approuuez?

Car ce n'est pas assé d'aymer dedans son ame,
Le feu se faict tousiours congnoistre par sa flame,
Dieu seul voit noz desseins, mesme auant qu'ils soient faicts,
Quant on aime, il en faut demonstrer quelque signe,
Tant plus le signe est grand, plus l'amour est insigne,
Iugez donc de nos cœurs par ces humbles effects.

Non, non ie me desdis, car ces magnificences
Ne font pas voir l'entier de noz obeissances,
Qu'auiourd'huy nous voüons à vostre Maiesté:
Noz desirs sont plus grands que n'est pas nostre monstre,
Mais iugeant par ce peu des effects quelle monstre,
Receuez la pour vœu de nostre humilité.

LES

LES NYMPHES REMOISES AVEC
LES FILLES.

OR *sus sus belles compagnes*
Quittons l'honneur des montagnes,
Des forests & des buissons,
Meslons nous parmy ces Filles
Qui de leurs voix si gentilles,
Chantent si belles chansons.

LES FILLES.

O bien-heureuse iournee
A tant d'honneurs destinee,
Iour qui sur tous iours reluis
Beau iour dont l'esclat rayonne,
Dessus la double Couronne
De nostre grand ROY LOYS.

LES NYMPHES.

Nous auons la matinee
Veu l'Aurore saffranee,
Qui preparoit ce beau iour
Nous l'auons veu retrousee,
Qui distilloit la rousee
Sur les plages d'alentour.

B

LES FILLES.

Puis de ses deux mains pourprees
Elle espanchoit sur ces prees,
Et sur ces petits couppeaux,
Toutes sortes de fleurettes,
Si bien que ja les auettes
Y volettent par troupeaux.

LES NYMPHES.

O beau iour, iour que i'adore
Iour qui as destruy Pandore,
Et sa boette de mal-heurs,
Iour de la saison doree,
Iour que la diuine Astree
Eschauffe de ses chaleurs.

LES FILLES.

O beau iour, belle lumiere
Arreste vn peu ta carriere,
Tu t'en vas trop vistement,
Ou vas tu? qu'as tu affaire,
Beau Soleil, retien la Sphere,
Ou marche plus lentement.

LES NYMPHES.

S'il veut courrir qu'il le face,
Car ce n'est pas de sa face,
Ny du tour mesme des Cieux
Que vient nostre esiouïssance,
N'auons nous pas iouïssance
D'vn Soleil plus radieux?

LES NYMPHES ET FILLES
ENSEMBLE.

O beau Soleil dont la flame
Rechauffe auiourd'huy nostre ame,
Froide du mal-heur passé:
Que Phœbus dans les Cieux meure,
Si cestuy-cy nous demeure
Nous aurons du iour assé.

LES VOEVX.

LES FILLES.

C'est assé chanter ce semble
Allons donc Nymphes ensemble,
Le Roy est bien prés d'icy
Approchons fendons la presse,
Ne craingnons point qu'on nous presse,
Arrestons nous le voicy.

B ij

LES NYMPHES.

Grand Roy, l'vnicque esperance
Du bon heur de vostre France,
Et de noz affections
Que Dieu auiourd'huy vous donne
En vous donnant la Couronne
Toutes benedictions.

LES FILLES.

Le Ciel qui tout enuironne
Face que vostre Couronne,
Sire, fleuronne à tousiours,
Qu'il face que vostre vie,
Soit de tout bon heur suiuie
Et la gloire de noz iours.

LES NYMPHES.

Qu'à iamais il emprisonne
Souz le mont d'Etna Bellonne,
Les pieds & les mains aux fers,
Qu'on ne parle plus cy d'armes,
Mais s'il y a des vacarmes
Que ce soit dans les Enfers.

LES FILLES.

Que le grand Dieu porte-foudre
Reduise ceux la en pouldre,
Qui vous seront ennemis
Mais qu'il garde ceux qui suiuent
Voz loix, & qu'heureux ils vivent,
Souz vostre grandeur soubmis.

LES NYMPHES.

Et si quelque haineux vous force,
Que Mars vous donne sa force,
Et l'addresse des combats:
Et que triumphant de gloire,
Vous esleuiez la victoire
De ses efforts cheuz par bas.

LES FILLES.

Face Dieu que la Iustice
De point en point s'accomplisse,
Sans yeux, sans mains, sans amys:
Le iour de vostre naissance
Au signe de la balance,
Nous la tousiours bien promis.

B iij

LES NYMPHES.

Que tout meschant se retire
Hors des bords de vostre Empire,
Et ny retourne iamais,
Que de son lieu l'innocence
En prenne la iouissauce
Et l'usufruict desormais.

LES FILLES.

Que le Ciel vous soit prospere
Tout ainsi qu'a vostre Pere,
En guerre & en paix aussi:
Mais en l'hyuer de vostre aage
Qu'il destourne mieux l'orage
Qu'il n'a pas faict iusqu'icy.

LES NYMPHES.

Qu'il vous face croistre en l'aage
Tant que d'vn sainct Mariage,
Vous vous puissiez voir astrainct,
Et que bien heureux sans cesse,
Aupres de quelque Princesse
Vous soyez libre contrainct.

LES FILLES.

Face le Ciel amiable
Qui d'vn couple tant aimable,
Viennent les fruicts desirez:
Que ce soient autant d'Achilles
Pour la deffence des Villes
Et leurs remparts asseurez.

LES NYMPHES.

Lors tout comblé de liesse
Dans vne grise vieillesse,
Vous verrez ces iouuenceaux,
Tous autour de vostre table
Comme vn beau rang delectable
De verdoyans arbrisseaux.

PRIERES PVBLIQVES
POVR LE ROY SVR LE PSALME

Exaudiat te Dominus in die tribulationis.   *Pſal.* 19.

SI tu viens quelque iour à tomber ſouz l'effort
D'vn ennemy qui ſoit contre toy le plus fort,
  Que ton ame ſ'eſcrie,
Que le nom du grand Dieu de Iacob ſoit ton fort,
Qu'il te garde, & qu'il ſoit à iamais ton confort,
  Humblement ie l'en prie.

Qu'il t'eſcoute du Ciel au iour d'affliction,
Et qu'eſcoutant tes cris, il ayt compaſſion
  De ton ame affligee,
T'enuoyant le ſecours du mont ſainct de Sion,
Qu'il rende ſouz l'appuy de ſa protection
  Ta miſere allegee.

Qu'il ſe ſouuienne auſſi de ton humilité,
Qu'il regarde ton cœur bruſlé de charité,
  Dont tu fais ſacrifice.
Qu'il l'accepte, & qu'vſant vers toy de ſa bonté,
Ton ſacrifice ſoit deuant luy preſenté
  Pour plier ſa iuſtice.

Que

Que de tous tes souhaits il se face iouyr,
Et qu'heureux souz sa main tu te faces ouyr,
   Racontant ses merueilles.
Qu'il face en tes conseilz tes haineurs esblouyr,
Et qu'asseuré par tout tu puisses t'esiouyr,
   Souz l'abry de ses aisles.

Alors quant nous verrons tant d'admirables faicts,
Nous rirons, contemplant tes ennemis deffaicts,
   De douce esiouïssance.
Et pour chanter son nom de Carmes plus parfaicts,
Nous les auiuerons des plus rares effects
   De sa toute-puissance.

En fin quant le Seigneur accomplira tes vœux,
Qu'il donra à ton cœur, tout cela que tu veus,
   Ie diray, ie confesse
Que pour sauuer le Roy Dieu tend son bras merueus
Contre ses ennemis, afin que noz nepueus
   Le louangent sans cesse.

Car quant il dressera & le cœur & les yeux
Vers Dieu, il obtiendra de la voute des Cieux
   Vne ferme asseurance.
Des puissances d'en haut, & non de ces bas lieux
Tout son salut depend; mais en qui doit il mieux
   Mettre son esperance?

C

Ceux la en leurs grands chars s'estoient le tout promis,
Ceux cy en leurs cheuaux pensoient bien auoir mis
 Le tout souz leur domaine.
Mais nous au puissant Dieu nous nous sommes soubmis,
Innoquant son sainct Nom, & de noz ennemis
 Toute la force est vaine.

Nous auons (& ie dis à leur dam) bien peu voir,
Que peu leur a seruy leur superbe pouuoir,
 Ils sont morts sur la place.
Mais nous tous releuez sans point nous esmouuoir,
Nous voila francs des coups que deuions receuoir
 Sans l'escu de sa grace.

Soy donc tousiours bon Dieu l'asseuré protecteur,
Du Roy ton bien aimé, monstre toy le tuteur
 Des Royaux Diadesmes.
Nous sommes ses subiects, il est ton seruiteur,
Exauce nous pour luy, puisque tu es l'autheur
 De luy & de nous-mesmes.

FIN.

DIALOGVE DE LA FRANCE
AV ROY.

SONNET.

La France. COVRBEE à deux genoux ie vous viens faire
hommage,
Sire, pour les François mes enfans bien-aimés:
Le Roy. FRANCE, ie vous reçois, ie sçay que les aymés,
Mais i'auray les aymant dessus vous l'aduantage.

La France. Vous estes de mon Roy HENRY la viue image,
Gardez les comme luy qu'ilz ne soient opprimez:
Le Roy. I'auray ie vous promets tousiours les bras armez
Contre ceux qui voudroient leur porter du dōmage.

La France. C'est de vous seul aussi que depend tout leur bien.
Le Roy. Et moy en leur bon-heur ie remets tout le mien:
La France. Viuez donc bien-heureux François, en asseurance,

Puis que le Roy vous prent sous sa protection:
Le Roy. S'ilz viuent bien-heureux, ie vous iure ma France
Qu'en cela gist le but de mon affection.

Vous qui voulez [illegible] vous [illegible] fais ?

[illegible] qui avec son bras [illegible]
[illegible] que ieu ioy qui [illegible]
Melamproir [illegible] rajradelite von [illegible]

Vous qui voulez HENRY la [illegible]
Ce de gemmes qui pui [illegible]
[illegible] que son bon [illegible]
[illegible] qui voulez long [illegible] du Louvre

Ce de vous faut aussi que [illegible] bien
Ce ne ieu bon legit [illegible]
[illegible] de bien [illegible] France, en allumes,

[illegible] Roy qui vous prennent tout à progression
[illegible] de beaux le venin [illegible]
[illegible] Roy H [illegible] de Roy

9 782019 909512